Le XIVᵉ Congrès National

du Parti Ouvrier socialiste révolutionnaire

Paris – Septembre 1896

Résolutions adoptées et articles divers parus dans la Presse française.

XIVᵉ CONGRÈS NATIONAL

Liste des Groupes représentés

Fédérations ouvrières

Fédération nationale de la Voiture.
— des Syndicats et Groupes corporatifs de Clichy.
— des Syndicats de Lens.
— des Tabacs.
— des Chemins de fer de France et des colonies.
— des Ardennes.
— des groupes socialistes du Tonnerrois.
— du Centre.
— de l'Est.
— du Sud-Ouest.
Ligue pour la suppression des bureaux de placement.

Coopératives

L'Avenir de Plaisance.
La Laborieuse.

Bourses du Travail

Besançon.
Clichy.

Syndicats

Bâtiment de Narbonne.
Billardiers.
Bâtiment de Blois.
Boulangers.
Bijouterie deuil, acier, petit bronze.
Brosserie de Charleville.
Confiseurs.
Chapeliers de Chambon-sur-Voueize.
Cordonnerie parisienne.
Ouvriers en chaussures de Blois.
Cordonniers de Montpellier.
Ebénisterie meuble sculpté.
Estampeurs-Découpeurs.
Employés du département de la Seine.
Forgerons et serruriers en voitures.
Ferblantiers.
Fonderie de cuivre.
Garçons de magasin, cochers livreurs et parties similaires.
Galochiers de Brienon.
Industrie florale.
Infirmières et infirmiers.
Limonadiers-Restaurateurs.
Maréchaux.
Métallurgistes de Fraisans.
Mouleurs en cuivre.
Métallurgistes de Besançon.
Maçons et aides.
Métallurgistes de Sedan.
Métallurgistes de Braux.
Métallurgistes de Joigny-sur-Meuse.
Métallurgistes de Mohon.
Métallurgistes de Bourg-Fidèle.
Mouleurs de Charleville.
Machines élévatoires de la Ville de Paris.
Mineurs de Décazeville.
Ouvriers en voitures.
Ouvriers confiseurs.
Outils à découper.
Paveurs-cimentiers.
Presse féminine et féministe.
Peintres en bâtiment (Père-Lachaise).
Polisseurs sur métaux.
Peintres en voitures.
Passementiers à la barre.
Paveurs et granitiers de la régie.
Le Prolétaire, cercle coopératif.
Scieurs à la mécanique.
Selliers en voitures.
Services réunis de la Ville.
Syndicat des Mazures.
Tailleurs sur acier.
Tapissiers.
Teinturiers-dégraisseurs.
Tonneliers.
Terrassiers de Besançon.
Tisseurs de Daigny.
Tisseurs de Sedan.
Tôliers.
Union syndicale des Menuisiers.
Union syndicale des tisseurs de Lagresles.
Union des Mécaniciens.
Syndicat des chemins de fer (Rennes).

Groupes

Comité socialiste révolutionnaire de Rennes.
Communistes du Iᵉʳ.
Les Egaux de Bordeaux.
L'Emancipation de Saint-Nazaire.
Groupe de Chambon-sur-Voueize.
Groupe corporatif ouvrier de Clichy.
Groupe du IVᵉ.
Pré-Saint-Gervais.
Xᵉ Saint-Louis.
Plaisance.
La Lumière sociale de Maromme.
L'Avant-Garde de Limoges.
Groupe de Saint-Denis.
Central du IXᵉ.
En Avant, de Pantin.
Groupe du XIIᵉ.
Groupe du IIᵉ.
Groupe du canton de Sèvres.
Central du XIᵉ.
Groupe du XVIIᵉ.
Grandes-Carrières.
Groupe du Nord.
Saint-Ouen.
Révolutionnaires des Quatre-Chemins.
Central du XXᵉ.
Section de Levallois.
Vᵉ (1ʳᵉ circonscription).
Montreuil (2ᵉ section).
Groupe du IIIᵉ.
Groupe de Sens.
Groupe Bisontin.
Economique de Bordeaux.
Groupe du VIᵉ.
Vᵉ (2ᵉ circonscription).
Central du XVᵉ.
Saint-Fargeau (1ʳᵉ circonscription du XXᵉ).
Belleville (1ʳᵉ circonscription du XXᵉ).
Groupe des Lilas.
Saint-Maurice-Charenton.
L'Eclaireur de Bordeaux.
L'Union socialiste d'Angoulême.
L'Etincelle de Charleville.
Le Vigilant de Balan.
Le Phare de Saint-Menges.
Groupe socialite de Saint-Claude.
— de Miroy.
— de Oyonnax.
— de la Suisse (Heutrége-ville).

Adhésions morales

Ouvriers de Saint-Chamas.
Groupe central socialiste du Mans.
Ouvrières blanchisseuses.
Femmes de chambres et cuisinières.

RÉSOLUTIONS DU CONGRÈS

De la Grève générale

Considérant que la Grève générale est un des meilleurs moyens pouvant aboutir à la Révolution sociale,

Que l'esprit des travailleurs — condensé dans les rapports cités — démontre que les ouvriers ont seuls droit d'émettre leur opinion sur les choses du travail,

Que les incidents du Congrès de Londres ont montré comment des individus voulaient à tout prix faire prévaloir le mouvement politique sur l'action économique.

Le Congrès déclare,

Que la Grève générale est un des meilleurs moyens d'affranchir le prolétariat. Il appartient donc aux Syndicats de s'en inspirer et chacun dans sa sphère de l'utiliser.

Le Congrès n'a pas à publier les moyens de faire la Révolution sociale par la Grève générale. Néanmoins, il reste aux Syndicats à complèter à chaque instant et dans toutes les circonstances, les indications formulées par le Congrès.

Comité central de la grève générale. — Le Castou, Hardy, Laroche, Brugnot, Renaudin, Weber, Allemane, Emann, Beausoleil, Lavaud, Rimbert.

Des armées permanentes

« Le Congrès, après avoir considéré que les armées sont l'école de la paresse, du vice et du crime, en même temps qu'une cause de ruine pour tous les peuples et de danger pour les libertés publiques;

« Qu'il convient de faire disparaître au plus tôt ces vestiges de barbarie, ces réceptacles de démoralisation et de dégénérescence de l'espèce humaine;

« Qu'il faut harceler constamment les pouvoirs publics pour arriver à la suppression des armées permanentes qui ne servent qu'à seconder les vues égoïstes de la classe capitaliste et dirigeante, en rappelant à ces prétendus républicains de gouvernement leur programme de 1869;

« Qu'il convient de hâter la disparition de ces bandes pour l'avenir de l'humanité;

« Le Congrès nomme une Commission chargée de faire la plus grande propagande en faveur de la suppression des armées permanentes. »

Du Pain gratuit

Le Congrès rejette les conclusions de la Commission tendant à inscrire, à titre de revendication, le pain gratuit dans les programmes socialistes; mais, ne voulant pas, d'autre part, que les politiciens et les conservateurs puissent exploiter son vote, en le présentant comme un *refus* d'accorder du pain aux victimes affamées du capitalisme, se rallie à l'amendement suivant, présenté par le Groupe du Xe arrondissement:

« Le Congrès, après avoir constaté que des milliers d'êtres humains souffrent la faim de par l'indifférence gouvernementale et l'ordre capitaliste, rappelle que la société a pour premier et impérieux devoir d'assurer l'existence de ses membres. »

De la Coopération

Considérant,

Qu'il importe de ne pas laisser accréditer l'erreur consistant à croire que la coopération est un moyen définitif pour la solution de la question sociale:

Que son essence est d'*améliorer* la situation des travailleurs, tandis que le Parti ouvrier poursuit leur *affranchissement* intégral;

Que, dès lors, la coopération ne peut être considérée que comme un *moyen* de parvenir au but final de nos efforts;

Que pour cela il est indispensable, l'*esprit socialiste* étant introduit dans les Sociétés coopératives, de donner à celui-ci un corps en lui faisant produire son maximum d'effet de solidarité,

Délibère :

Les militants devront poursuivre:

1° L'accès de plus en plus facile des travailleurs aux Sociétés coopératives;

2° La proscription rigoureuse des éléments bourgeois;

3° L'observation à l'égard des employés des revendications syndicales en ce qui concerne la journée de travail et le minimum de salaires;

4° L'élimination de tout principe égoïste par la suppression de la distribution des bénéfices, le trop-perçu représentant en somme une partie seulement de la part prélevée par les coûteux intermédiaires que la société capitaliste place entre le producteur et le consommateur;

5° Le développement des principes de solidarité générale avec l'ensemble de la classe ouvrière par l'attribution des bénéfices : 1° à la constitution d'un capital *indivis* destiné à assurer les développements ultérieurs de la société; 2° à subventionner des œuvres similaires : coopératives de consommation ou de production nouvelles, œuvres ouvrières, grèves, propagande des idées visant au but commun : la libération du travail par l'instauration d'une société égalitaire.

Considérant,

Que la forme de coopération s'appliquant à la production soulève des problèmes qui n'ont été qu'effleurés dans les rapports ou dans la discussion produits au Congrès;

Considérant,

Que la concentration de plus en plus sensible des moyens de production entre les mains du capitalisme moderne rend de plus en plus aléatoire le succès de coopératives ouvrières de production;

Qu'en tout état de cause le Congrès ne peut utilement prendre de décision en l'absence de tout document, de toute indication et de tout projet;

Délibère :

Le Secrétariat national est invité à porter à l'ordre du jour du prochain Congrès la question des Coopératives de production, considérée aux points de vue agricole et industriel.

De l'Instruction intégrale

Considérant, d'une part, que dans la Société actuelle, les éducateurs de l'enfance sont tenus en servage dans une situation matérielle et morale peu en rapport avec leur rôle, dans une dépendance absolue de la bourgeoisie qui leur impose un système d'instruction fausse et étroitement conçue,

Considérant, d'autre part, que les enfants du peuple et ceux de la classe bourgeoise, sont placés sous la loi capitaliste, exploités du corps ou de l'esprit, serfs ou chiens de garde;

Le Congrès déclare,

N'attendre que de la Révolution sociale, la réalisation de l'article 9 de son programme : Tous les enfants, mis pour leur entretien et leur instruction à la société,

De l'organisation sociale au lendemain de la Révolution

D'une manière presque générale, considérant les difficultés qui pourraient surgir dans une période troublée du heurt des multiples conceptions en présence, on semble désirer que, dès ces premiers points acquis : gouvernement, administration bourgeoise et propriété individuelle, supprimés par l'action de toutes les forces révolutionnaires combinées, les militants de la première heure devront provoquer le concours de leurs concitoyens pour se grouper dans leurs corporations respectives et pourvoir à toutes les nécessités sociales : vivres, habitat, vêtement, etc., etc.

En conséquence, votre Commission estime que, dès maintenant, chaque mi-

litant révolutionnaire doit comprendre
dans ses devoirs :

1° La connaissance de tous les éléments qui, dans sa région, pourront, à
l'heure désirée, lui donner les indications
utiles pour l'action;

2° Porter toute la part d'efforts dont il
peut être susceptible dans le Syndicat
de sa corporation, comme dans les Sociétés coopératives, pour amener ces
groupements économiques qui, par ce
caractère même, sont les mieux indi-
qués pour seconder l'œuvre de rénova-
tion économique et sociale;

3° Inviter ces mêmes groupements à
réunir, dès maintenant, tous les éléments d'étude, en prévision d'éventua-
lités : les statistiques du nombre des
ouvriers de leur corporation, les besoins
de leur région et les moyens de production, enfin tout ce qui peut préparer
scientifiquement une organisation sociale dans laquelle chaque individu ap-
portant sa part d'initiative et d'activité,
trouvera sa part d'existence et de bonheur.

En outre, votre Commission considère
que, s'il pourrait être ou paraître pré-
tentieux d'échafauder dans tous ses
détails un système social quelconque,
il n'en est pas moins urgent que la question soit toujours présente à nos esprits
et l'objet constant de nos études; il est
donc de toute nécessité de la remettre à
l'ordre du jour de chaque Congrès, mais
il convient, toutefois, de la distinguer de
celle de l'action révolutionnaire et des
moyens à employer, qui s'impose également; mais ces deux questions doivent
être traitées séparément.

Car, s'il est vrai que l'industrialisme,
en se développant, déplace la logique
même des conceptions les plus minu-
tieuses, il en est de même des moyens
d'attaque dont devront disposer les Travailleurs en révolte et les moyens de
défense de la Bourgeoisie en détresse.
Cette idée nous est inspirée par la nui-
sible habitude acquise dans nos travaux
de mêler ces deux questions.

Des Bureaux de placement

Considérant que les Bureaux de placement autorisés en vertu d'un décret
de 1852 constituent la plus vaste exploi-
tation des travailleurs qui ont encore la
faiblesse de s'en servir, que tout ce qui
a été fait jusqu'à ce jour pour amener
leur suppression est restée lettre morte.

La Commission des résolutions, tout
en étant persuadée que seule l'action
syndicale et révolutionnaire amènera
leur suppression, considérant toutefois
qu'il est utile de continuer l'agitation
sur cette question, vous propose d'a-
dopter les vœux suivants :

1° Suppression pure et simple des Bureaux de placement;

2° Que le placement syndical sera seul
permis à l'exclusion de tout autre, surtout celui organisé par les municipalités,
qui ne répond pas aux desiderata de la
classe ouvrière;

3° Demander la répression sévère des
bureaux interlopes tenus ordinairement
sans autorisation, comme par certains
marchands de vin ou autres, chez lesquels les travailleurs qui s'en servent
laissent le plus clair de leur salaire ;

4° Organiser par toute la France une
vaste agitation à l'effet d'inviter les Syndicats à adresser à la ligue pour la suppression des Bureaux de placement des
déclarations demandant la suppression
radicale des Bureaux de placement.

La ligue pour la suppression des Bureaux de placement restera chargée de
faire parvenir les déclarations des Syndicats au groupe socialiste de la Chambre, ainsi qu'un questionnaire envoyé
aux Syndicats de l'alimentation sur les
abus qui se commettent dans ces Bureaux ;

5° Préconiser dans les Syndicats le
système de boycotage, c'est-à-dire que
tous les syndiqués, ainsi que leurs mé-
nagères, s'informent auprès de leurs
fournisseurs où ils se procurent leur
personnel.

Si les fournisseurs déclarent se fournir
au Bureau de placement, leur faire savoir
qu'on les quitte jusqu'au jour où ils se
fourniront de personnel au Syndicat.

Dans les établissements où le pourboire est en usage, s'informer auprès
des employés s'ils sont syndiqués; en
cas de réponse négative, leur refuser
toute gratification.

Propositions

Le Groupe l'Eclaireur de Bordeaux,

« Propose que le Comité de la Grève
générale, nommé par le Congrès du
Parti ouvrier socialiste révolutionnaire,
fusionne, si possible, avec le Comité
nommé au Congrès de Tours. Dans le
cas d'empêchement, tenter de les faire
marcher parallèlement avec leurs titres
respectifs, afin d'arriver au même but :
la Grève générale. »

Le Congrès,

« Blâme les politiciens qui au Congrès
de Londres ont, à propos de la Grève
générale, essayé de diviser les travailleurs
syndiqués avec les camarades groupés
dans les Groupes politiques.

« Affirme sa sympathie à ceux qui
mènent de pair l'action syndicale et l'action révolutionnaire par la grève générale.

« Proteste contre les journalistes qui
ont injurié, à propos de la Grève générale, les ouvriers syndiqués. »

LA NOTE VRAIE

Figaro, Autorité, Gaulois et autres *Débats* « *ejusdem farinæ* », paraissent mener
grand bruit en faveur d'une restauration
monarchique, mais au fond — et leurs
congénères panamistes ne s'y trompent
pas — c'est une affaire financière qui se
mène à grand renfort de « convictions et
de patriotisme » — ô combien recom-
mandables ! — et le nommé Nicolas,
pour extraordinaire qu'il se croit, n'est
autre chose qu'un « homme-sandwich »
grand modèle, quelque chose comme une
superbe affiche mobile illustrée où, en
lettres bellement ornées, se lirait une
réclame, de nature à faire cracher le
gogo, comme, par exemple :

« Voilà, gens de France, le grand chef
« des Russes ; voyez comme il est beau,
« combien ses vêtements sont resplen-
« dissants. Dans son pays tous les hom-
« mes sont aussi beaux et aussi relui-
« sants (prière de ne pas songer à la vieille
« crasse); il promet de beaux dividendes
« à tous ceux qui, patriotiquement (Re-
« vanche et Alsace-Lorraine !) videront
« leur bas de laine dans ses cuisses. Cet
« homme personnifie le Bénéfice ; bra-
« ves français n'hésitez pas ! »

Voilà, peuple toujours gobeur, ce que
signifient les salamalecs de tes gouver-
nants, les lâchetés des hommes politiques de tous les partis et les invraisem-
blables platitudes de la presse multico-
lore.

Panamistes et bassement ignobles !
c'est ainsi que l'impartiale histoire jugera
les tristes sires qui, présentement, gèrent
notre malheureux pays ou se prélassent,
en vedette, dans les sphères où l'on se
pourrit à la vapeur.

JAVELOT.

XIVᵉ CONGRÈS NATIONAL

ERRATUM

Lire : Syndicat de Sens pour Lens.
Groupe de la Suippe pour Suisse.
Groupe de Morez pour Miroy.

Omissions

XVIIᵉ (2ᵉ section).
Précurseurs-Égalitaires de Clichy.

Adhésions nouvelles

Groupe de la Grille de fer (Dijon).
Groupe le Progrès, de Mézières.
Chambre syndicale des métallurgistes de Joigny-sur-Meuse (Ardennes).
Fédération ouvrière de Besançon.
Chambre syndicale des ferblantiers.
Chambre syndicale des souffleurs de verre.
Chambre syndicale des bûcherons et similaires de Menou, section d'Entrant (Nièvre).
Cercle coopératif le Prolétaire du XXᵉ.

RÉSOLUTIONS

sur la deuxième partie de l'ordre du jour du Congrès

Rapport du Secrétariat

Le Congrès : approuve le rapport moral et financier du Secrétariat. Constate l'exclusion du citoyen Meslier.

Quant à celle des citoyens Berthaut, Dejeante, Faillet, Groussier, attendu que ces citoyens n'ont pas fait appel au jugement du Congrès national, *non comme élus*, la chose étant jugée, mais en qualité d'ex-membres du Parti, le Congrès, consacrant l'autonomie des Fédérations, enregistre purement et simplement leur exclusion, ainsi que celle des groupes de la Porte-Saint-Martin, de la Porte-Saint-Denis. du Xᵉ (1ᵉʳ section), de Saint-Vinceut-de-Paul.

Le Congrès, vu les agissements malhonnêtes du citoyen Lagrange, membre du Parti à Bordeaux, qui n'a pas craint, pour satisfaire un orgueil indigne d'un révolutionnaire sincère, de se joindre au Parti ouvrier français et, avec ce Parti, s'allier ensuite aux royalistes pour satisfaire ensemble leur ambition électorale.

Vote l'exclusion du citoyen Lagrange, conseiller d'arrondissement, conseiller municipal de la ville de Bordeaux, et charge de l'exécution de cette mesure, le Groupe l' « Éclaireur » de Bordeaux.

Sur la proposition du Groupe de Dijon, ainsi conçue :

« En ce qui concerne le règlement intérieur du Parti, conformément aux décisions du Congrès de Saint-Claude, le délégué demandera que les élus soient responsables devant tout le Parti et non devant une seule Fédération. »

Le Congrès : confirme l'autonomie des Fédérations.

En cas de conflit entre élus et Fédérations, la Fédération intéressée devra en aviser le Secrétariat, ce dernier transmettra aux autres Fédérations les renseignements concernant l'affaire.

Celles-ci enverront au Secrétariat leur avis motivé ; à la suite de cette consultation, la Fédération intéressée, tout en s'inspirant des opinions émises, *agira dans la plénitude de son autonomie.*

L'avis motivé des Fédérations devra parvenir dans le délai maximum de un mois après la consultation du Secrétariat.

Tactique électorale

Étant données les difficultés, souvent insurmontables, de mener la lutte contre la bourgeoisie dans les circonscriptions électorales provinciales,

Le Congrès,

Décide que les groupes du Parti de la province et de la banlieue de Paris, pourront s'adjoindre à titre de candidats des citoyens acceptant la lutte de classe, la suppression de la propriété individuelle et l'internationalisme.

Les candidats devront en outre récuser publiquement ceux qui les patronneraient par la parole. par le journal, par des circulaires, affiches, etc., qui ne partageraient pas les idées du comité et des candidats sur les trois points fondamentaux du socialisme révolutionnaire.

Tous les candidats devront, *avant l'élection*, signer individuellement leur démission en blanc au comité électoral ; celles des membres du Parti, devront *immédiatement* être remises au Comité fédéral du Parti de la région.

Les décisions du Congrès de Saint-Quentin sur la matière sont maintenues. c'est à dire que les membres du Parti et les candidats devront toujours viser la propagande avant le succès.

D'autre part, si pour la période de ballottage, le Comité électoral croit utile, dans l'intérêt de la cause socialiste révolutionnaire, de se retirer, il devra le faire sans aucune indication de préférence à l'égard des candidats restants.

Propagande générale

Les groupes sont tenus de verser plus régulièrement leurs cotisations au Secrétariat ; celui-ci devra assurer, dans la mesure de ses moyens, la propagande par les conférences. Chaque groupe est invité à multiplier les causeries intimes, dans lesquelles il pourra distribuer les journaux du Parti, des rapports de Congrès, des livres socialistes.

Le Secrétariat est chargé d'étudier les moyens de propager nos théories, par la brochure, sous une forme simple et peu coûteuse.

Journal quotidien

Le Congrès repousse la proposition de fonder un journal commun avec les autres écoles socialistes.

Regrettant l'impossibilité où se trouve le Parti de fonder un organe quotidien, donne mandat aux Comités fédéraux d'étudier les moyens pratiques de faire vivre un organe bi-hebdomadaire, contenant en outre les procès-verbaux et communications des Fédérations du Parti.

Action syndicale

Le Congrès invite les membres du Parti, à ne pas se contenter de leur adhésion morale et pécuniaire à leur Syndicat, mais à y travailler d'une façon effective en faveur des résolutions votées dans les Congrès ouvriers.

Revision des programmes municipal et législatif

Les Fédérations sont invitées à adresser au Secrétariat les modifications

qu'elles croieraient devoir apporter aux programmes municipal et législatif ; si, trois mois avant le prochain Congrès national, le Secrétariat n'a pas reçu de propositions fermes, cette question disparaîtra forcément de l'ordre du jour.

De l'organisation d'un Congrès de toutes les fractions socialistes en vue de l'élaboration d'un programme unique.

Le Congrès, vu les tentatives antérieures faites loyalement par le Parti ouvrier auprès des autres écoles dites socialistes révolutionnaires, notamment en ce qui concerne la Manifestation du 1er mai, le Secrétariat national du travail, la Ligue de la conquête de la République sociale, etc., etc., considère, pour la dignité du Secrétariat général du Parti, de ne pas lui faire tenter de nouvelles négociations, mais, néanmoins, afin de ne pas décourager nos camarades des départements qui n'ont pas acquis (comme ceux que le hasard et le milieu ont plus nettement mêlés au mouvement), une opinion nette des hommes et des choses, basée sur l'expérience.

Décide,

De laisser aux Fédérations le soin de chercher les points de contact, tendant à établir une convention *donnant toutes garanties au Parti*, et d'adresser au Secrétariat les dits renseignements afin qu'ils soient transmis aux affiliés au Parti.

Règlement du Parti

Considérant que le règlement qui régit le Parti date de 1884 (Congrès de Rennes) qu'il a été modifié plusieurs fois, qu'il est utile de s'occuper de l'élaboration d'un règlement du Parti en le condensant dans un travail unique,

Le Congrès décide :

1° Les groupes du Parti, quelle que soit la Fédération à laquelle ils appartiennent, sont invités à élaborer des projets concernant le *Règlement du Parti*, et à les adresser au Secrétariat général, de ce jour à la date du 31 mai 1897, *dernière limite ;*

2° Le Secrétariat réunira les projets qu'il aura reçus, et, sous forme de circulaire imprimée ou autographiée, les fera parvenir à tous les groupes du Parti, au moins dès la fin de juin 1897 ;

3° Le Congrès national, qui se tiendra *indispensablement* en 1897, statuera sur lesdits projets, et aura pour mission spéciale de diriger le texte définitif du règlement général du Parti.

XVe Congrès national

Vu le manque d'indications parvenues au Secrétariat pour le XVe Congrès, le XIVe Congrès laisse le soin au Secrétariat de s'inquiéter, dès le mois de mars, de la ville où devra se tenir le Congrès national en 1897.

VŒU

concernant la journée ouvrable

Le Congrès maintient la revendication de la journée de huit heures, comme maximum du temps de travail et, pour s'y acheminer, invite les organisations ouvrières, les Fédérations nationales de métier à tenter l'unification des heures de travail, de façon à se rapprocher de plus en plus de la journée de huit heures.

Les résolutions de la première partie du Congrès ayant été votées mercredi soir, le Secrétariat avait pensé offrir un moment de distraction à nos amis de province. C'était un peu fait à la hâte, à la bonne franquette, on se reposerait un instant, telle... ...e prédominante. Eh bien non ! on a été littéralement surpris, chacun dans son milieu a fait assaut de produire des artistes excellents, et nous avons assisté à une réelle soirée de gala. Dire les mérites de chacun, détailler le programme serait difficile et long. Contentons-nous de ne pas décerner de premier, second et autres quelconques prix, mais dire franchement que les citoyens Antony, Barbier, Carry, Paulin (danseur), Pointard, nous ont fait plaisir, que les citoyens Sternal et Barbier nous ont émus dans leurs récits. Que le camarade Poulot a été désopilant et que les citoyennes Paulin et Roche ont été ravissantes. A Mlle Henriette, tous nos compliments pour sa grâce et sa simplicité touchante.

Le copain Spyrus, le sympathique secrétaire du Groupe du Xe, s'est surpassé dans ses nouvelles créations.

Bref, les camarades de province m'ont chargé de dire merci et bravo à ceux qui leur ont fait passer une excellente soirée. Je m'en acquitte avec le plus réel plaisir.

Les citoyens Bernard, adjoint au maire d'Ivry et Séguin, conseiller municipal, avaient tenu à témoigner par leur présence leur sympathie à notre Congrès.

J.-B. L.

Nota. — *Les adhérents au Congrès sont invités à indiquer immédiatement au citoyen Lavaud, 3, rue Civiale, quel est le nombre d'exemplaires du compte rendu du Congrès qu'ils peuvent souscrire, en tenant compte que la brochure coûtera environ 50 centimes.*

Si le Secrétariat a de nombreux souscripteurs, il pourra peut-être insérer tous les rapports au lieu d'être obligé de les réduire.

Le Journal des Débats
20 septembre 1896.

Congrès allemaniste 20 sept.

Nous avons annoncé hier l'ouverture du 14ᵉ Congrès national du parti ouvrier socialiste révolutionnaire. Le parti allemaniste était resté quelque temps dans l'indécision au sujet de l'opportunité de ce Congrès; mais, ainsi que s'en est expliqué le secrétaire général, M. Lavaud, au début de la première séance, « les incidents du Congrès de Londres l'ont rendu nécessaire; on avait voulu jeter un certain discrédit sur cette organisation, qui s'est donné pour but de provoquer la révolution sociale par des réformes économiques. Or, il importe aujourd'hui que le parti affirme son intention de chercher également la réforme sociale par la conquête des pouvoirs publics, et cette déclaration doit suffire pour le mettre à l'abri de tout soupçon d'anarchie ». Voilà qui fera plaisir à M. Guesde.

Quant aux forces dont dispose ce parti, il serait difficile d'en juger par les mandats des congressistes. Entrant, pour la première fois peut-être, dans la voie de la conciliation, les allemanistes ont ouvert toute grande leur porte à des Syndicats qui jusqu'ici ne sont pas encore inféodés au parti. Ceux-ci, toutefois, ne sont admis qu'à discuter les conclusions qui leur seront soumises; et, jeudi, lorsque M. Lavaud déclarera le huis clos pour la discussion des intérêts du parti, ils seront invités à se promener librement dans Paris jusqu'au dimanche soir où, dans un punch solennel, chacun boira à l'extermination prochaine des capitalistes. Disons seulement que le nombre de groupes représentés est de 117, parmi lesquels cinq grandes Fédérations.

L'ordre du jour appelait immédiatement la discussion sur la grève générale, et c'est sur cette brûlante question que le Congrès s'est ouvert. On sait que, discutée déjà par de précédents Congrès allemanistes, cette question a été toujours adoptée à de fortes majorités, et que ses protagonistes en ont fait comme la devise du parti. Pourquoi revient-elle donc encore sur le tapis ? Sans doute que les allemanistes ont peu de concessions à demander à la société actuelle pour la bouleverser ; mais, quel qu'en soit le nombre, c'est une décision bien arrêtée dans leur esprit que désormais nul Congrès n'aura lieu sans faire de ce sujet le thème de la véhémence et de la fougue de leurs orateurs.

Plusieurs rapports ont donc été lus sur cette question. Citons celui du délégué du 17ᵉ qui nous a décrit la grève générale « comme le prélude de la révolution contre le capital à qui il ne faut jamais répondre que par le plomb. Ce délégué propose deux moyens de parvenir à ce résultat. D'abord prélever le 10 0/0 sur les cotisations syndicales afin de constituer un fond de caisse qui servirait aux premières nécessités de cette « guerre des bras croisés »; ensuite la création de nombreuses Coopératives qui permettraient au prolétariat de s'assurer des vivres durant tout le temps que durerait ce siège de la bourgeoisie capitaliste par les travailleurs.

Le délégué du 9ᵉ constate, lui, que, les Syndicats se trouvant sous le régime d'une loi mauvaise, leur organisation doit s'en ressentir profondément. Il demande donc que les groupements syndicaux se fassent désormais par l'agglomération de toutes les fractions similaires, ce qui permettra de ne plus faire de grèves partielles, mais de les faire « régionalement, nationalement ou internationalement ». Cette organisation, d'après ce délégué, « serait le ministère du travail, et aucun pouvoir ne pourrait y résister ».

Les rapports se succèdent sur cette question. L'un demande la grève par la suppression de tous les moyens de locomotion; un autre découvre que, si la grève générale pouvait se faire, elle ne serait plus nécessaire, puisque la majorité qui la consentirait pourrait, par le même vote, changer la constitution actuelle de la société.

Il n'en demande pas moins que cette idée révolutionnaire soit propagée par tous les moyens possibles.

Le jeune Lévy se livre ensuite à quelques considérations sur l'ensemble de ces rapports. Il fait remarquer à toutes les vieilles barbes du parti révolutionnaire que « la grève générale n'est pas la révolution, mais un simple moyen de la provoquer; que cette question n'a donc pas d'autre importance puisqu'elle n'est pas le but et qu'elle ne le précise pas non plus ».

Ce à quoi un délégué de province répond que le but de la grève générale c'est la suppression intégrale de la propriété. Ici la question s'embrouille étrangement, tandis que la cloche du président rappelle dans la salle tous les délégués qui en sont sortis, en leur annonçant un vote important.

Au milieu du plus profond silence M. Lavaud lit la déclaration suivante :

« Le parti socialiste révolutionnaire, dans sa séance d'ouverture, proteste, au nom des groupes et Syndicats ouvriers, contre la venue, en France, de l'autocrate russe qui n'est, selon nous, qu'une honteuse manœuvre. »

On applaudit, et l'assemblée se retire après avoir voté, sans difficulté aucune, cette protestation.

"Journal des Débats"
21 septembre 1896

Actualités

Congrès allemaniste

La deuxième journée du Congrès national du Parti ouvrier socialiste révolutionnaire a été, le matin, consacrée à l'examen de la question des armées permanentes.

Successivement les représentants des groupes suivants : Bordeaux, Pantin, 18e arrondissement de Paris, Fédération des ouvriers de la voiture, Syndicats des polisseurs sur métaux, Saint-Denis et Tonnerre, ont donné lecture des rapports qu'ils avaient préparés sur la question.

Tous ces rapports concluent à la suppression de l'armée permanente et à son remplacement par une armée nationale, ne pouvant se lever que pour la défense des libertés si elles étaient menacées.

Voici, à titre de curiosité, la proposition du groupe de Pantin :

Pour arriver à la disparition de l'armée permanente, il sera utile d'inspirer à tous ceux destinés à en faire partie l'horreur et le mépris de la servitude militaire ; on arrivera à ce but par une propagande active par les brochures et aussi par des réunions qui attireront la jeunesse en les agrémentant de fêtes.

La discussion a été reprise l'après-midi, à deux heures.

Après la suppression des armées permanentes, les allemanistes ont admis sans difficulté la distribution gratuite du pain à tous les citoyens de la future société communiste. Seulement, il est établi que cette répartition généreuse coûtera au budget allemaniste 2 milliards 1/2 ; c'est là une grave préoccupation pour le parti qui voudrait, dans son amour pour le bonheur de tous, éviter les lois fiscales, et surtout faire de la suppression de la propriété et aussi de l'argent le pivot de toute l'organisation future. Aussi, ce sujet demandant de la réflexion, le Congrès s'est déterminé à le confier à une commission qui, jeudi soir, nous apprendra par ses conclusions de quelle manière, après le triomphe des allemanistes, nous serons autorisés à ne plus payer ni boulanger, ni propriétaire.

Les socialistes avaient d'ailleurs conservé toute leur chaleur pour la discussion du soir qui devait porter sur ce sujet aussi problématique que curieux : « De l'organisation sociale au lendemain de la révolution en prévision d'un événement fortuit nous obligeant au remplacement radical des choses existantes. »

Ce n'est point que les disciples de Jean Allemane veuillent en imposer à la bourgeoisie et l'inquiéter dans son repos par de terrifiantes prophéties ; mais, « les choses vont mal, et elles vont mal, parce que les lois sont mauvaises et que ce ne sont pas les ouvriers qui en ont la direction. Comme la révolution est le seul remède à ce fléau et qu'elle ne saurait tarder, quelle organisation les travailleurs substitueront-ils à celle qui nous gouverne aujourd'hui ? »

« D'abord, nous insinue le délégué du 10e dans un très long rapport, la révolution étant victorieuse et l'ordre social actuel ayant disparu, il faudra proclamer le communisme égalitaire, c'est-à-dire supprimer la propriété et le capital. »

Comment cette société sera-t-elle gérée ? Ici les curieuses conceptions du délégué semblent voyager dans des brumes automnales : « On appliquera le machinisme au bonheur de tous ; on donnera l'instruction intégrale aux enfants ; on donnera aux femmes les droits semblables à ceux des autres membres ; on remettra le pouvoir administratif entre les mains des corporations, etc. » Le pronom on jouera donc un très grand rôle dans cette société nouvelle.

Le délégué de Pantin est encore plus précis dans son rapport : « On assurera l'alimentation, le vêtement, l'habitation à l'armée haletante des travailleurs. — Chouette ! alors, interrompt un délégué du Midi. — La révolution victorieuse entend imposer sa volonté au pays et prétend faire mieux que ce qu'elle aura abattu. Ensuite on réglera la consommation et la production de chacun. Enfin, on supprimera l'argent, les religions et les emplois nuisibles. »

Nous voici bien éclairés maintenant sur les avantages de la société que nous préparent les allemanistes. Il serait fastidieux de donner les projets de tous ces rapports, tous enveloppés de plus ou moins d'obscurité et ténébreux par certains endroits. Résumons, par quelques phrases, les discours qui ont suivi.

« Comme, au lendemain de la révolution, il n'y aura plus de tambour, chacun doit connaître son poste. La première chose sera d'assurer la subsistance à ceux qui n'en ont pas. On ne peut régler ce point parce que les statistiques manquent. Aussi, il importe de régler seulement deux points : la socialisation des moyens de production, et la liberté pour le travailleur de disposer de la part productive qui lui revient. — Il faudra éviter les gens qui voudront prendre le gouvernail, et qui sait si alors nous n'aurons pas à lutter contre certains socialistes. — La multiplicité des lois augmente la multiplicité des criminels, il faudra supprimer la loi qui empêche l'individu d'évoluer à son aise. On supprimera donc les prisons ; pas tout de suite cependant : il conviendra de les conserver quelque temps pour les bourgeois récalcitrants qui, par un reste d'atavisme, se refuseront à abdiquer tout sentiment d'autorité et de propriété. »

A toutes ces facéties, ajoutons encore celle d'un « paysan qui, Parisien durant plusieurs années, puis redevenu paysan, souhaite qu'un phylloxera libérateur vienne bientôt nous délivrer de l'égoïsme bourgeois et des bourgeois eux-mêmes ».

Quelques délégués ont eu l'audace de faire remarquer que ces déclarations ne leur apprenaient rien sur l'organisation future ; quelques autres ont eu la témérité d'ajouter que, puisque l'on voulait une organisation, on préparait un nouveau régime d'autorité ; et la preuve ne s'en est d'ailleurs pas fait attendre.

Plusieurs membres de la commission fédérative ayant voulu prendre la parole, ils ont été rappelés immédiatement au sentiment de la discipline par M. Lavaud, secrétaire général, qui leur a lu une déclaration de cette commission par laquelle ses membres s'engageaient à ne lire que des rapports.

Naturellement, on s'est récrié contre cette manifestation de l'autorité, sous forme de discipline, dans un Congrès communiste. Un membre a déposé immédiatement sa démission sur le bureau, ne comprenant pas « qu'une société qui supprimait le droit de propriété supprimât aussi celui de la parole ». Les allemanistes se sont disputés ainsi jusqu'à une heure du matin.

Le congrès allemaniste

Les congressistes ont discuté hier sur l' « attitude des socialistes en présence du mouvement corporatif ».

L'attitude qu'ils ont prise devant cette question est depuis longtemps arrêtée. Si les socialistes semblèrent un instant abandonner les sociétés coopératives de consommation et se désintéresser de leur sort, c'était une pure tactique de leur part. Craignant d'éloigner par leurs théories les épargnistes, ils les laissèrent s'emparer des conseils d'administration et distribuer des dividendes aux actionnaires, ce qui eut pour effet de développer rapidement les ressources de ces sociétés. Aujourd'hui que la mauvaise période est passée, que plusieurs d'entre elles sont dans un état financier assez prospère pour continuer leur commerce, même si les actionnaires demandaient le remboursement de leurs prêts, les socialistes tentent de dominer les conseils d'administration de ces sociétés. Certains groupes ont déjà réussi dans cette entreprise. Le délégué de Saint-Claude est venu exposer à la tribune les subterfuges qui lui permirent, à lui et à ses amis, de s'emparer de la société coopérative de ce pays et de lui imprimer une direction socialiste :

Lorsque notre société était aux mains des « arriérés », a-t-il expliqué, on distribuait aux actionnaires de 17 à 18 0/0 de dividende. Il y avait, en outre, 18.000 francs dans la caisse de réserve. Nous avons réussi à accaparer le conseil d'administration, et, aussitôt, nous avons affecté à la fondation d'une société ouvrière corporative une somme de 3,000 francs. Il y eut des protestations unanimes chez nos adversaires. Les actionnaires demandèrent le remboursement de leurs actions. Qu'avons-nous fait alors ? Au lieu de payer les actionnaires, nous avons acheté un immeuble de 80,000 francs, employant ainsi immédiatement à un usage déterminé les fonds disponibles — les 18,000 fr. qu'on nous réclamait, et endettant par surcroît la société de 60,000 francs.

Notre organisation a continué à prospérer. Maintenant, nous sommes arrivés à nos fins : nous ne donnons plus de dividendes et les fonds de réserve serviront à constituer une caisse de prévoyance et de secours ainsi qu'une caisse de retraites pour ceux de nos membres qui auront vingt-cinq ans de présence à la société et soixante ans d'âge. En un mot, la propriété individuelle a été abolie dans le sein de notre société, le capital est à tous et à personne : nous avons fait œuvre de communistes.

Le délégué de Saint-Claude est chaleureusement applaudi et a l'honneur de recevoir les félicitations des députés Faberot et Renou, qui assistent au congrès :

Oui, s'écrie le premier, c'est bien, ce que vous avez fait là ! vous avez montré l'exemple. Car, pour faire de la coopération, il faut chasser tout sentiment d'égoïsme. Voyez ce qui s'est passé un peu partout. Au lieu de laisser les bénéfices à la collectivité, on a distribué des dividendes, les administrateurs des coopératives sont devenus de fieffés bourgeois, et parfois des voleurs.

Je suis d'avis de donner une grande extension aux sociétés coopératives, ressaisissons-les, n'acceptons pas de cet argent qui salit les mains et les poches, et faisons-en de véritables institutions communistes qui nous aideront à culbuter la bourgeoisie.

C'est l'avis de tous les orateurs : le parti doit s'infiltrer dans les sociétés coopératives afin de les transformer. Un citoyen fait, d'ailleurs, observer qu'il « sera bon de posséder ces greniers d'abondance le jour de la grève générale ».

Incidemment, un délégué ayant parlé de la ligue des commerçants qui réclame l'impôt sur les sociétés coopératives, le citoyen Faberot donne des explications à ce sujet : « Si l'on frappe ces sociétés d'un impôt, on sera obligé de leur donner en retour la liberté du commerce. Il y aurait lieu alors de se féliciter de cette mesure, car les petits commerçants à qui les capitalistes montent le coup dans leur ligue pourraient encore moins qu'auparavant soutenir la lutte. Ils seraient bientôt ruinés et viendraient grossir les rangs du prolétariat. »

On voit que les allemanistes reviennent à la coopération, du moins à la coopération ayant pour but la consommation. En revanche, ils répudient énergiquement les sociétés coopératives de production, « car l'expérience a démontré qu'elles ne peuvent pas lutter contre l'or des capitalistes ». Le monde socialiste a soutenu de ses deniers l'œuvre de la Verrerie aux verriers, mais, suivant la parole d'un orateur « c'est plutôt par devoir que par conviction ».

A la séance du soir, on a discouru sur « l'instruction intégrale ». Elle est depuis longtemps réclamée par les allemanistes, qui sont mécontents du mode d'instruction actuel. Les motifs de ce mécontentement sont assez inattendus. C'est ainsi que le délégué des Ardennes déclare que, « si l'instruction moderne n'a pas donné de bons résultats, il faut en rechercher la cause dans l'insuffisance des maîtres d'école et dans leur peu de valeur morale ».

« Non seulement, s'écrie cet orateur, le niveau intellectuel ne s'est pas élevé, mais le niveau moral s'est abaissé ! »

La conclusion de ce discours est que l'instruction ne sera vraiment organisée de façon à donner des résultats bienfaisants qu'au lendemain de la révolution.

Le délégué de Plaisance critique également le mode d'instruction actuel, et il soutient, à ce sujet, une thèse curieuse :

« L'instruction primaire, dit-il, a été inventée par les bourgeois pour perfectionner leur outillage humain, et si des bourses ont été instituées dans les collèges pour donner l'instruction supérieure aux fils du peuple intelligents, c'est uniquement pour faire baisser la valeur de l'intellectualité sur le marché. »

Enfin, tous les délégués réclament l'instruction intégrale gratuite, et l'établissement de cantines scolaires où, de cinq à seize ans, les enfants seraient nourris.

Journal du Soir
22 septembre 1896

mardi 22 sept

Congrès allemaniste

En se retrouvant, hier matin, dans la salle de leurs délibérations, les futurs maîtres de l'ordre social se regardèrent, soucieux, et, s'interrogeant : « Tout de même, se dirent-ils, nous n'avons pas encore défini l'organisation qui devra remplacer celle-ci. Si nous recommencions ? » Et, durant trois heures, ce fut un échange de conceptions bizarres où l'on fulmina contre la propriété les anathèmes les plus terribles. Puis, lorsqu'il fallut s'entendre, on jugea que « le premier devoir de la société future serait d'éviter les demi-mesures. Il faut être, en effet, radical en temps insurrectionnel et supprimer tous ceux qui s'opposeront à la révolution ».

Quant à la propriété individuelle, les farouches allemanistes ont modifié sur ce point leur première décision. « Au fond, comme le disait lui-même un délégué, ils ne sont pas mauvais garçons, et veulent moins la mort du bourgeois que sa conversion. » Aussi, d'après leur dernière résolution, les allemanistes ne supprimeront-ils pas, du jour au lendemain, la propriété individuelle, mais le feront par des étapes successives.

Ils conseillent ensuite fortement, aux socialistes, afin d'arriver à ce but, de propager les Coopératives ; de faire partie des conseils d'administration, afin que, lorsque viendra « le grand coup », il soit facile de pourvoir au ravitaillement des travailleurs.

Cette dernière proposition n'est pas sans soulever de vives récriminations de la part de quelques délégués qui déclarent que « les Coopératives ont fait faillite au point de vue socialiste ; ce ne sont, ajoutent-ils, que des épiciers en commun ». Cependant, la majorité des délégués a été d'avis de propager ces institutions.

L'ordre du jour appelait, le soir, la discussion sur l'instruction intégrale et professionnelle ; et, ici, il convient avant tout de citer la thèse, plus qu'originale, du délégué de Plaisance.

« La question de l'instruction, dit-il, ne pourra être résolue que par la révolution sociale. Rien de plus abominable que l'instruction primaire telle qu'elle existe en ce moment. Elle a été inventée par la bourgeoisie pour perfectionner son outillage humain, tandis qu'elle devrait être le meilleur outil de l'émancipation prolétarienne. En effet, en créant l'instruction primaire, la bourgeoisie a fait des fils du peuple les adversaires mêmes du peuple ; elle les fait sortir des rangs du prolétariat en les appelant à des situations bourgeoises et ses bourses d'enseignement n'ont d'autre but que de créer des déclassés. En somme, ce n'est qu'une machination de la bourgeoisie pour faire baisser la valeur de l'intellectuel et le posséder à vil prix ! »

En général tous les rapports ont demandé l'instruction intégrale et la suppression de l'héritage pour pouvoir alimenter la caisse de l'instruction publique. Il paraît intéressant, cependant, de citer encore cette déclaration du délégué des Ardennes.

« Les lois concernant l'enseignement primaire, dit-il, n'ont donné que des mauvais résultats ; et la première cause du mal vient de l'instruction insuffisante et du moral déplorable des maîtres laïques. Aussi, est-ce avec regret que l'on constate que non seulement le niveau intellectuel ne s'est pas élevé, mais encore que le niveau moral s'est abaissé ! »

En dehors de l'instruction intégrale, ce délégué demande la création de cantines scolaires qui fourniraient le vivre et le couvert aux enfants nécessiteux.

Ce soir, le Congrès se réunira en assemblée générale et votera des résolutions sur les rapports qui lui ont été présentés ; et, demain soir, les allemanistes de Paris offriront un punch aux délégués de provinces qui prennent part au Congrès.

Congrès allemaniste

Nous avons jusqu'ici donné les conclusions des rapports lus et discutés aux séances de ce Congrès. Elles étaient restées sans sanction ; aussi toutes ces conclusions ont-elles été, une seconde fois, présentées aux délégués, hier soir, afin de les confirmer de « leur autorité souveraine ».

La question de la grève générale, qui a été présentée en premier lieu, a été résolue par l'affirmative : 142 voix se sont prononcées en faveur de la grève et 6 contre. L'on n'a constaté que 2 abstentions, dont celle du groupe des chemins de fer de Rennes.

On a, immédiatement ensuite, nommé un comité dit de la grève générale et le Congrès l'a investi du pouvoir de répandre cette idée par la parole et la brochure. Seulement, le Congrès de Tours vient, lui aussi, de nommer un comité de la grève générale, et cette concurrence n'a pas été sans jeter quelque trouble dans l'esprit des révolutionnaires. Mais M. Allemane, qui serait désolé de ne plus avoir de comité de ce genre, a promptement tourné la difficulté. « Le Congrès de Tours, dit-il, n'a admis, au sein de son comité, que les groupements corporatifs ; nous, plus larges, plus généreux, nous accepterons les groupements corporatifs et politiques. »

Le Congrès a accepté cette manière de voir de son grand-maître, et invité le comité « à se mettre immédiatement à la besogne, parce que la révolution presse ».

La suppression des armées permanentes est votée.

On passe ensuite à la question du pain gratuit. Le rapport de la commission ne s'est pas montré très favorable à l'adoption de ce projet ; il propose de créer plutôt des Coopératives de production chargées de distribuer le pain à tous les citoyens, et soutenues par un nouvel impôt qui en assurerait le bon fonctionnement.

Mais cette proposition révolte M. Allemane. « N'est-ce que du pain qu'il vous faut, dit-il ; la ménagère, chez vous, ne met-elle pas du bœuf et des légumes sur la table ? Ignorez-vous les tortures d'un ventre qui ne renferme qu'un peu de pain et qu'un peu d'eau ? C'est *tout* que nous devons avoir, depuis la soupe jusqu'au fromage. »

Et, sur sa proposition, le « pain gratuit » est retranché des copieux repas qui suivront les jours d'insurrection.

On revient ensuite sur l'organisation de la future société, et, sur ce point, les allemanistes décident « de recueillir tous les éléments possibles en vue d'une action à préparer, et d'étudier tous les moyens d'action qui peuvent assurer les résultats de la révolution.

L'attitude des socialistes en présence du mouvement coopératif de consommation était, on s'en souvient, à l'ordre du jour. Fidèles à leurs aspirations communistes, les délégués n'ont accepté les Coopératives qu'à la condition, d'abord, que leurs conseils d'administration seraient socialistes, ensuite, que leurs bénéfices retourneraient à une caisse commune où viendrait puiser le prolétariat tout entier pour les besoins de sa cause. Car dès lors qu'une Coopérative donne des dividendes, « elle infecte les individus du mal de la propriété en les rendant capitalistes ».

L'instruction intégrale et professionnelle est votée.

Reste la question des bureaux de placement. Evidemment que ce n'est pas aux placeurs que les allemanistes veut faire grâce. On vote leur suppression radicale, « et, s'ils ont le toupet de venir demander des indemnités, on leur répondra qu'ils en ont assez volé ». Donc, suppression des bureaux de placement, auxquels seront substituées de grandes Associations syndicales. Le moyen préconisé par le Congrès pour arriver à ce résultat est celui-ci :

« Les travailleurs sont invités, dans les cafés, dans les restaurants et partout ailleurs, à s'informer si les garçons qui les servent ont été placés par un bureau ou par un Syndicat. Dans le premier cas, il faudra... leur supprimer le pourboire ! »

Et, c'est sur cette menace que se termine le Congrès corporatif du Parti ouvrier socialiste révolutionnaire. Aujourd'hui le Congrès se transformera en Congrès politique. Il étudiera ses nouvelles visées électorales, consultera sa caisse, épluchera les comptes de ses députés et de ses conseillers municipaux. On croit que sur les appointements des premiers le parti prélèvera une somme de 3,000 fr., et, sur ceux des seconds, 1,000 fr. seulement. Dimanche, un punch terminera tous ces débats, et les 150 allemanistes, qui composent ce Congrès, se retireront dans leurs foyers, persuadés que la révolution est à leur porte et qu'il faut se hâter de rédiger un nouveau *Contrat social* d'où seront à jamais rayés les mots de capital et de propriété.

Le "Siècle"
25 7bre 1896.

LE CONGRÈS ALLEMANISTE

Le Congrès allemaniste a clos la première partie de ses travaux par des votations et décisions sur les sujets discutés dans les précédentes séances; il s'est transformé hier de Congrès corporatif du Parti ouvrier en congrès politique pour entreprendre la seconde partie, c'est-à-dire pour étudier d'une manière, les opérations électorales, pour vérifier ses comptes et fixer la retenue à opérer sur les appointements des députés et conseillers municipaux du parti. Dimanche, tant de graves discussions se termineront par un punch, et nos 150 réformateurs de la Société iront reprendre leur travail ordinaire, certainement plus utile que celui auquel ils se livrent depuis quatre jours dans la salle du Commerce.

On a voté d'abord la grève générale par 118 voix contre trois et abstentions. Puis un comité de la grève générale a été constitué. Cela fera deux, parce que le congrès récent de Tours en a déjà nommé un; mais ce dernier ne comprend que des représentants des groupes corporatifs, tandis que le comité allemaniste admettra aussi les groupes politiques. Le vent continue à être à la réconciliation avec les guesdistes, parce que les révolutionnaires savent bien que la désunion ne ferait qu'accentuer leur impuissance à tous deux.

On vote aussi, bien entendu, la suppression des armées permanentes. Chaque citoyen, au lendemain de la révolution, son fusil près de la cheminée, et à l'ennemi! s'il arrive du tic-tre, s'avise de le menacer. Si vous avez de la foi dans les sentiments patriotiques...

sans organisation, sans instruction militai(re), sans chefs.

Allait-on faire un sort ou non à l'idée du pain gratuit, que M. Victor Barrucaud croit avoir eu le premier et M. Clovis Hugues le second? M. Allemane l'a traitée comme elle le mérite. « Le pain gratuit? a-t-il dit. Mais est-ce que vous ne mangez que du pain? est-ce que la ménagère ne vous sert pas le pot-au-feu, avec la salade et le fromage? C'est tout cela qu'il nous faut gratuitement, et non pas seulement du pain ». Le citoyen Allemane a raison: et il a du coup fait justice, sans le vouloir, de l'absurdité de la proposition, rien qu'en lui donnant la suite logique.

On vote encore l'instruction intégrale et professionnelle. Professionnelle, vous savez à peu près ce que cela veut dire; mais intégrale? Comprendra-t-elle la cuisine et la bicyclette?

Le congrès a reculé devant la définition un peu précise de la future organisation sociale: on étudiera, on réunira encore des éléments, on verra. C'est le plus sage évidemment.

Quant aux sociétés coopératives, on ne fera bon ménage avec elles que si elles deviennent franchement socialistes, si leurs bénéfices, au lieu d'être distribués en dividendes, sont versés dans une caisse commune qui sera le trésor du prolétariat et de la révolution future. Les dividendes sont incompatibles avec les saines doctrines collectivistes; ils ne peuvent qu'infecter les individus du mal de la propriété en les rendant capitalistes.» Et pour obtenir des coopératives cette transformation on emploiera la tactique si bien exposée l'autre jour par le délégué de Saint-Claude; avec la chaude approbation du chapelier Fubérot.

La question des bureaux de placement s'est posée la dernière, mais ce n'est pas comme on sait, celle à laquelle les socialistes tiennent le moins. Ils ont très bien compris que, le jour où tous les ouvriers et employés devront s'adresser aux syndicats pour obtenir du travail, les syndicats deviendront vraiment les maîtres de la situation. Or, pour mettre les salariés dans cette obligation, la première chose à faire est d'obtenir la suppression, par un moyen quelconque, des bureaux de placement, qu'ils ont encore, malgré les objurgations des collectivistes la faiblesse de fréquenter.

Le Parlement n'a pas voulu se prêter jusqu'ici à la suppression légale. Il attribuerait du reste une indemnité aux placeurs dépossédés ou leur accorderait des délais que les compagnons trouveraient interminables. On a déjà essayé de la violence, mais le moyen n'a pas réussi; les gardiens de la paix sont méchamment intervenus pour empêcher qu'on ne dévastât les bureaux, et qu'on ne les fît sauter avec la dynamite. Alors, c'est du côté des ouvriers et employés qu'il faut se retourner. On organisera une police occulte qui dressera la liste des établissements, en s'adressant aux bureaux, et ces établissements seront mis à l'index; les travailleurs les fuiront. On fera mieux encore: on s'informera adroitement auprès des garçons de café, par exemple. « Ils ont été placés par les bureaux ou les syndicats? À ceux des bureaux on refusera le pourboire. Les allemanistes comptent beaucoup sur l'effet de cette avanie, qu'ils auront soin de rendre aussi publique que possible. Eh bien! ils ont encore moins d'imagination que nous ne leur en supposions. —

Le Temps
27 Septembre 1896

LE CONGRÈS ALLEMANISTE

Après le congrès de Tours, celui de Paris. Le premier était, paraît-il, spécialement « corporatif », et le second plutôt « national », si nous en croyons du moins les dénominations officielles. Suivant l'usage, le congrès qui vient de se réunir et qui était le quatorzième depuis la fondation du parti a blâmé « les individus qui veulent à tout prix faire prévaloir le mouvement politique sur l'action économique ». Ces individus, vous l'avez deviné, ne sont autres que « les politiciens qui, au congrès de Londres, ont, à propos de la grève générale, essayé de diviser les travailleurs… »

La manie de la grève générale est, en effet, le second trait de l'idiosyncrasie allemaniste, si l'on peut s'exprimer ainsi. Pourtant, la fortune de cette idée n'est pas des plus rapides. Chaque congrès s'en déclare partisan, mais demande aussitôt que « les voies et moyens » soient l'objet d'un nouvel examen plus approfondi. C'est ainsi qu'à Tours fut décidée la création d'un comité d'étude et de propagande, avec lequel ne se confondra pas celui dont l'organisation a été résolue à Paris. Les comités ne coûtent rien. A Tours, M. Guérard a piteusement avoué que la caisse de la grève générale contenait à peine 400 francs, alors qu'une action efficace en exigerait au moins 12,000. A Paris, on a dédaigneusement écarté ces misérables questions d'argent. On a voté le principe, et par conséquent « embêté les guesdistes » ; n'est-ce pas assez ?

Ce point capital étant acquis, les congressistes se sont livrés, pour tuer le temps, à quelques délibérations platoniques. Ils ont décrété la suppression des armées permanentes, pour « rappeler aux prétendus républicains de gouvernement leur programme de 1869 », et sans doute aussi pour faire à M. Tony Révillon le plaisir de lui montrer que ce « vieux programme républicain » rencontre encore quelques fidèles. Ils ont été moins aimables avec M. Victor Barrucand, qui leur offrait le pain gratuit. Fi donc ! M. Barrucand s'imagine-t-il qu'un socialiste voudrait manger du pain sec ? C'est un repas complet, avec tous les services, qu'il attend de la révolution prochaine. En vertu de ce même principe du « tout ou rien », le congrès a réclamé pour tous les citoyens, sans distinction, « l'instruction intégrale », sans d'ailleurs définir ce mot pompeux. Comme les limites de l'esprit humain ont jusqu'ici forcé les plus grands génies à se contenter d'une instruction partielle, il faut supposer que les allemanistes ont voulu parler d'une instruction identique pour tous les citoyens, c'est-à-dire qu'ils suppriment tout simplement l'inégalité des intelligences et la division du travail.

Le seul point positif de leurs délibérations a concerné les sociétés coopératives de production. Le délégué de Saint-Claude a conté comment les socialistes de l'endroit se sont emparés d'une coopérative florissante et ont employé à subventionner « des sociétés ouvrières » les bénéfices, qui produisaient avant eux un dividende de 17 0/0. Cet exemple a soulevé l'enthousiasme du congrès, qui a décidé de l'imiter. Dorénavant, les socialistes devront s'introduire dans les coopératives et, dès qu'ils en seront maîtres, faire servir les excédents de recettes à favoriser les grèves et la propagande de l'évangile révolutionnaire. Voilà peut-être une ressource pour la caisse anémique de M. Guérard. Reste à savoir si les coopérateurs, gens sages et économes, se laisseront dépouiller aisément.

Il est bien clair en effet que la mainmise des socialistes sur les coopératives serait à bref délai la ruine de ces associations. Les allemanistes ont donné la mesure de leurs facultés organisatrices, dans une interminable discussion sur le lendemain de la révolution sociale, qui a occupé toute une séance du congrès. Il leur a été impossible d'aboutir à une conclusion. Ils ont été contraints de décider que la question serait remise à l'étude ; et, en vérité, la solution n'en est pas urgente. Jusqu'à présent, si le mouvement allemaniste est inquiétant, ce n'est que pour les socialistes parlementaires, dont il pourra compromettre la réélection.

RÉSOLUTIONS SECRÈTES

Après les séances publiques dont nous parlions hier, le congrès allemaniste s'est donné des airs de conspirateur. Il faudrait être absolument dénué d'imagination pour ne pas ressentir la séduction particulière des réunions secrètes; le mystère est une puissance qui a déjà été exploitée par de nombreux fondateurs de sociétés. Il attache par des liens invincibles les initiés, fiers et reconnaissants de la distinction qu'on leur accorde, et force l'attention du public en irritant sa curiosité. C'est à la fois une réclame de premier ordre et un très efficace procédé de recrutement. Les allemanistes, à qui ces deux bienfaits ne seraient point inutiles, ont donc terminé leur congrès par quelques séances d'où tout profane était rigoureusement exclu. Quelque chose a pourtant transpiré de leurs résolutions.

Si ces indiscrétions sont exactes — et elles ont assurément pour elles la vraisemblance — les secrètes délibérations de ces antiparlementaires farouches n'auraient exclusivement roulé que sur des questions de tactique électorale. Fulminer contre les politiciens est un thème excellent pour les discours de réunions publiques, et M. Faberot sait rappeler à propos qu'il a été chapelier. Mais il ne se sent aucune envie de retourner à ses chères études, et il a, au contraire, beaucoup d'amis qui renonceraient volontiers aux douceurs de la vie privée. Le problème n'est que de concilier un mépris avoué du parlementarisme et la jouissance paisible des menus avantages qu'il procure. On y réussit, d'abord en continuant à se dire ouvrier et en exerçant un métier manuel *in partibus*, et secondement en prouvant sa vertu par la dénonciation des fautes du voisin.

Ces préoccupations sont nettement accusées dans les décisions qui ont été prises, à ce qu'on assure, par le congrès allemaniste. L'idée de se retirer complètement des luttes électorales et d'imiter l'abstentionnisme systématique des anarchistes a été écartée sans débat, comme une excentricité indigne d'arrêter des esprits sérieux. Et l'on est tout de suite arrivé au nœud de la question. L'idéal assurément serait que le parti allemaniste conquît par ses seules forces le plus grand nombre possible de sièges électifs. Malheureusement, l'expérience a démontré qu'un tel espoir est une chimère. Les allemanistes n'ont présentement que trois députés et un seul conseiller municipal. Ils ont eu quatre conseillers, mais deux ont trahi et le troisième n'a pas été réélu. Ils ont eu six députés : trois ont déserté, et les trois fidèles, à l'approche des élections, ne se sentent pas tranquilles. Quelles seront finalement les victimes des querelles entre socialistes? L'allemanisme, se sentant chancelant et isolé, cherche désespérément un appui.

Mais avec qui le parti peut-il faire alliance? Avec MM. Jules Guesde, Jaurès et Millerand? D'après nos renseignements, le congrès ne s'est pas arrêté à cette idée; et, en effet, la réconciliation aurait été bien mal préparée par les séances publiques où l'on en a encore cette semaine blâmé par deux fois les politiciens du congrès de Londres. Les allemanistes renonceraient à ce développement si commode dans les meetings? Quel moyen leur resterait-il de prouver au peuple leur désintéressement, s'ils se refusaient la possibilité de dénoncer les trahisons du prochain? Certes, l'envie d'être député peut faire des miracles; mais vraiment, celui-là paraît improbable entre tous.

Quels sont donc les alliés possibles des allemanistes? Le congrès aurait résolu, paraît-il, de tâter le terrain du côté des blanquistes et des broussistes. Or, M. Paul Brousse a tout récemment déclaré qu'il « ne pouvait s'entendre avec Allemane et ses amis », et il a dédaigneusement raillé leur « romantisme ». Et l'un des chefs du parti blanquiste, M. Landrin, a dit qu'il n'irait point discuter avec des gens qui sont les plus dangereux ennemis de l'union socialiste. On peut d'après cela conjecturer l'accueil réservé aux avances des allemanistes. Mais comment eux-mêmes, les allemanistes, songent-ils à offrir des alliances à d'autres partis, tandis qu'ils ne peuvent seulement s'entendre entre eux? Après avoir caressé ces beaux projets d'union, savez-vous ce qu'a fait le congrès allemaniste? Il a voté l'exclusion définitive des deux députés et des deux conseillers municipaux dissidents, généralement connus sous le nom de « faillletistes ». Voilà un bel exemple de concorde, et tout à fait propre à triompher des résistances des broussistes et des blanquistes! Le parti socialiste ressemble à un serpent coupé en plusieurs morceaux; les tronçons s'agitent, mais ils ne se rejoindront pas.

www.ingramcontent.com/pod-product-compliance
Lightning Source LLC
Chambersburg PA
CBHW061657050726
47598CB00004B/1607